THÈSE

DE

LICENCE.

FACULTÉ DE DROIT DE TOULOUSE.

ACTE PUBLIC

POUR

LA LICENCE

En exécution de l'Article 4 , Titre 2 , de la Loi du 22 Ventôse an XII.

SOUTENU

Rar M. GERMAIN (Constant),

Né à Toulouse (Haute-Garonne).

TOULOUSE ,

Typographie Troyes OUVRIERS REUNIS ,
Rue Saint-Pantaléon , 5.

—

1861.

A TOUS CEUX QUI ME SONT CHERS.

C.

Jus Romanum.

De pignoribus et hypothecis

Dig. Lib. XX, Tit. I. — Inst. Just. Lib. III, Tit. XIV, § 4.

Pignus, ut ait Gaius, appellatur a pugno : quia res quæ pignori dantur, manu traduntur.

Apud veteres, qui, ut faciliùs ære alieno uteretur, aut quamlibet aliam obligationem tutam haberet, per mancipationem ad creditorem transferebat aut rem aliquam, aut bonorum sive certam partem, sive universitatem, aliquando et se ipsum ; ita tamen transferebat, ut creditor eas res sub fiduciâ haberet, et sub lege remancipationis, quâ, si debitum solveretur, iterum ad debitorem res reverteretur.

Ita creditor *dominus ex jure Quiritium* fiebat , et ad eum rei vindicatio pertinebat.

Plerumque autem contentus fuit creditor , si res una sibi tradita foret , quâ certius foret creditum ; inde pignoris origo.

Sunt quoque creditoris , qui pignus accepit , *re* obligationes : una , quod et ipse de eâ re quam accepit restituendâ tenetur actione pigneratitia ; alia , quod ad eam rem custodiendam *exactam diligentiam* adhibere debet : quam si præstiterit , et aliquo fortuito casu eam rem amiserit , securus sit , nec impediatur creditum petere.

Exactam diligentiam dicimus : scilicet eam curam , quam bonus et diligens parterfamilias suis ipse bonis adhibere debet , nulla aliâ causâ coactus , nisi bonorum suorum conservatione.

Etsi res in quâ pignus consistit , tradita fuerit , non ideo creditoris est ; quam tamen alienare potest : « sec hoc forsitàn ideo vide-
» tur fieri , quod voluntate debitoris intelligitur pignus alienari , qui
» ab initio contractûs pactus est , ut liceret creditori pignus vendere ,
» si pecunia non solvatur. »

Quapropter nihil contrarium inter partes convenerit ; ita ut si ipsa pactio inciderit *ne vendere liceat* , non creditoris jus quantum ad venditionem minuatur , et solummodo necesse sit creditori debitorem ter monere de voluntate venditionis.

De hypothecis.

Ea quam diximus juris ratio apud veteres valuit ; sed postea prætor quidam Servius actionem ex jure prætorio in rem tradidit quâ , qui prædii alicujus locator , si colonus pretium non solvisset , coloni instrumenta quasi pignus occupare posset ; inde et alia cessit actio quæ quasi-Serviana nominata est.

Id jus quasi medium dixerim.

Sed paucos post annos, prætorio jure concessum est , ut creditor ,
nulla tamen traditione rei facta , idem juris haberet in eam rem , quæ
inter partes convenisset, ac si vere pignus : id est , tradita foret. Nec
pignus sed hypotheca nominatur, quidquid ita , absque ulla traditione ,
sed in tutelam creditæ rei designatur. Hinc videre est (quod in Ro-
manis legibus notabilissimum videtur) ex nuda conventione constitu-
tum esse jus in rem.

De rebus quibus consistere potest pignus aut hypotheca.

Pignoris aut hypothecæ locum obtinere possunt , quæcumque vendi
emi possunt. Nec ulla est , ut apud Francos, distinctio mobilium im-
mobiliumve rerum ; corporalium aut incorporalium ; singularium aut
universarum ; præsentium aut futurarum : hoc tamen , tantummodò ex
conventione.

De jure quod creditori contingit ex pignore seu ex hypothecâ.

Non solùm est creditori, ut suprà diximus, *jus vendendi* seu *distra-*
hendi , sed etiam persequendi rem totam , si maneat adhuc aliqua pars
debiti , quæ soluta non fuerit. Quod ità enuntiabimus : non posse di-
vidi hypothecam. Accedit etiam creditori id jus , ut solvatur priusquàm
cæteri creditores per id præceptum : *potior tempore potior jure.*

Tertio tandem jure fruitur creditor rem sibi adsciscendi, quascumque
in manus inciderit.

De Privilegiis.

Patitur id præceptum quod diximus « potior tempore, potior jure », quo constat ordo et lex hypothecarum , patitur , inquam , nonnullas exceptiones ; et indè nascitur *privilegium* , id est , *privata lex.*

Etenim si non ad tempus respiciatur , nec fiat annorum computatio , sed juris æstimatio , haud semel erit undè aliquis possit , nullâ temporum ratione habitâ , rem sibi ante hypothecarios creditores vindicare. Indè privata lege utitur et privilegiarius dicitur. Exempli causâ , qui vectigalia ad præstitutum tempus non solverit , in eum jus fisco competit , quod cæterorum creditorum juri sit anteponendum ; item ad uxoris dotem conservandam et in tuto habendam competunt jura quæ cæteros creditores amoveant ; novissimis quidem temporibus divus Justinianus privilegium legatariis concessit , quo rem legatam tuerentur.

Quibus modis probentur hypothecæ.

Ex eâ , quam diximus , hypothecarum origine patet , eas à pignore derivatas , nec certis adstrictas fuisse legibus ; quapropter nulla est certa via probandarum hypothecarum , quippè quæ nullo modo publicè vulgatæ esse possint.

Posteà verò divus Leo præscripsit , eas publicè præferendas seu *per instrumentum publicè confectum* , seu per nomina trium hominum *probatæ atque integræ opinionis.* Indè , quæ iis conditionibus scriberentur , priorem eas locum obtinere placuit.

De actionibus quæ hypothecariio creditori competunt.

Ex eo quod hypotheca pignore generata est , sequitur , ut iisdem actionibus creditori per pignus et creditori per hypothecam uti liceat. Ait enim Marcianus , « inter pignus et hypothecam tantum nominis sonum differre. » Ideoque est aut Serviana, si de pignore agitur, aut quasi Serviana, si de hypothecâ. Quæ autem iis actionibus jura tribuuntur, quia supra diximus, non repetendum putamus. Id unum admonere necesse est, ad jus prætorium eas actiones plane referri.

POSITIONES.

I. Quare hypotheca ad mobiles immobilesque res pertinebat?

II. Unde fit, ut iis, qui suis impensis rem in pignus acceptam servaverunt, privilegium concessum sit?

Code Napoléon.

Des engagements qui se forment sans conventions.

(Art. 1370 à 1386.)

Engagement est, dans la langue juridique, synonyme d'obligation : pourtant, ainsi que le fait remarquer Toullier, cette expression *engagement* est spécialement appliquée dans le Code aux obligations que la loi impose à l'homme, sans qu'il intervienne aucune convention, ni de la part de celui qui s'oblige, ni de la part de celui envers qui il est obligé. L'auteur que nous invoquons fait naître de la loi tous les engagements de cette nature. Il en est, cependant, qui peuvent être imposés à l'homme autrement que par la loi et nous croyons voir se manifester cette pensée dans le discours de Fenet, que nous citerons parmi bien des passages sur lesquels nous pourrions établir

notre opinion (1) : « Les engagements de cette espèce sont fondés sur
» ces grands principes de morale gravés dans le cœur de tous les hom-
» mes, qu'il faut faire aux autres ce que nous désirerions qu'ils fissent pour
» nous dans les mêmes circonstances ; et que nous sommes tenus de
» réparer le tort et les dommages que nous avons pu causer. » Considérée dans sa force juridique, l'obligation naît de la loi ; considérée
dans sa source immédiate, elle dérive, soit de la morale,
soit de la loi naturelle, et la loi ne les fait siennes qu'en les sanction-
nant (2). Et notre Code a entendu, sur cette matière, concilier deux
principes d'équité. L'obligation est, en droit, la réunion du lien moral
et du lien juridique.

La loi naturelle et l'engagement moral qu'elle impose peuvent être
moins apparents dans certaines obligations civiles que dans d'autres,
mais elles s'y retrouveront toujours. — La cause la plus fréquente de
l'obligation est la convention : aussi, ce n'est-il qu'après avoir tracé les
règles des obligations conventionnelles que le Code passe aux engagements qui se forment sans conventions.

Cette seconde nature d'obligations est divisée en deux classes, ainsi
que l'explique l'article 1370. Les unes résultent de l'autorité seule de la
loi, les autres, d'un fait personnel à celui qui se trouve obligé.

Le fait de l'homme doit s'entendre ici dans son sens le plus explicite.
Il comprend, en effet, et le fait positif et le fait négatif, l'omission et
la commission. C'est là que nous trouvons le plan adopté par Pothier
et par le Code :

De l'omission, délit ou quasi-délit, selon que le préjudice sera
causé avec ou sans intention ;

De la commission, gestion d'affaires : obligatoire dans certaines circonstances, facultative dans d'autres.

Les catégories et les exemples cités dans le texte du Code ne sont
qu'explicatifs et non limitatifs. Il est aisé de comprendre, en effet,

(1) Marcadet. — Treillard.
(2) Mourlon, tit. IV.

2

qu'il peut exister des obligations nées de cas fortuits que le législateur était impuissant à prévoir et qui ne viennent ni d'un contrat ni d'un quasi-contrat, ni d'un délit, ni d'un quasi-délit.

« Une société politique, dit M. Treillard, serait bien imparfaite si les » membres qui la composent n'avaient entre eux d'autres engagements » que ceux qu'ils auraient prévus ou réglés par une convention. Quel » est celui qui pourrait se flatter de lire dans l'avenir tous les rapports » que les événements établiront entre lui et ses concitoyens ? Et quelle » opinion devrait-on se former de la sagesse d'une législation qui lais- » serait les hommes errants et sans boussole dans cette vaste mer dont » personne ne sonda jamais les abîmes ! »

Après ces considérations générales sur le plan et la nature de notre travail, nous passons aux règles diverses dont s'occupe le Code dans les dix-sept articles que nous avons à envisager.

Des quasi-contrats.

Les obligations reposent sur une question d'équité, en ce sens qu'il n'est permis à personne de s'enrichir aux dépens d'autrui, et sur cette supposition que, si l'on contracte pour un autre, on eût agi comme le mandant lui-même : de là ratification faite d'avance à la conduite du mandataire.

Le quasi-contrat résulte d'un fait volontaire de la part de l'homme. Le fait doit en outre être licite, car le fait illicite constitue un délit ou un quasi-délit, selon l'intention.

Le Code Napoléon ne donne des règles que pour deux espèces de contrats. Il en existe cependant bien d'autres : l'acceptation d'une tutelle dans le cas où elle ne nous est pas imposée par la loi, etc. Nous ne traiterons pourtant spécialement ici que des deux espèces dont parle le Code : gestion d'affaires, paiement de l'indû. Nous en ferons l'objet de deux paragraphes.

§ 1er. — *De la gestion d'affaires.*

La gestion d'affaires , considérée au point de vue des droits qu'elle confère à celui qui l'exerce , a beaucoup d'analogie avec le mandat. Le gérant , de même que le mandataire, peut valablement stipuler pour le compte d'un tiers. L'utilité de ce quasi-contrat repose sur l'intérêt des tiers absents dont les affaires sont en souffrance.

Si la gestion d'affaires a des points de contact avec le mandat , elle a aussi des différences bien saillantes avec ce contrat. Ces différences ressortent de la nature même de chacun de ces contrats.

Le gérant est tenu bien plus sévèrement que le mandataire , et par là le législateur a eu pour but de prévenir toute immixtion indiscrète ou intempestive dans les affaires d'autrui.

Le mandataire a droit au remboursement des dépenses qu'il a faites à l'occasion de l'affaire dont il a été chargé , alors même qu'elles n'ont procuré aucun avantage au mandant , pourvu que les limites du mandat n'aient pas été dépassées (art. 1199).

Le gérant d'affaires ne peut exiger que les dépenses utilement faites , c'est à-dire celles que l'intérêt de celui pour lequel il gère réclamait.

Cette différence existe encore entre le mandat et la gestion d'affaires : si le mandant vient à mourir, le mandataire n'est tenu de continuer sa gestion que s'il y a péril en la demeure ; tandis que le gérant est obligé dans tous les cas de continuer l'affaire jusqu'à ce que les héritiers soient à même de s'en charger. — (Art. 1375).

Obligations du gérant.

Aussi, voyons-nous qu'il peut y avoir gestion d'affaires , soit que le tiers pour lequel on s'oblige, jouisse de la plénitude de sa raison, soit qu'il en soit privé.

Il faut pour qu'il y ait gestion d'affaires, que l'affaire soit gérée sans qu'il y ait consentement exprès ou tacite, ainsi qu'il résulte de la lecture de l'article 1370.

Le gérant doit agir dans le but d'être utile au propriétaire, mais non pas avec l'intention de libéralité *animo donandi*. Il doit agir, dis-je, dans la pensée de l'obliger, c'est-à-dire, d'avoir une action contre lui.

Il est obligé d'accomplir et de terminer l'affaire dont il s'était volontairement chargé, et cela comme nous l'avons déjà dit plus haut, alors même que le maître viendrait à mourir. Son obligation se prolongera jusqu'à ce que ses héritiers aient pu le remplacer ; il doit apporter à sa gestion tous les soins d'un bon père de famille. Les juges apprécieront les circonstances et les degrés.

Il doit rendre compte de sa gestion et payer l'intérêt des sommes qu'il a employées à son usage, ainsi que l'intérêt des sommes dont il est reliquataire. Les intérêts ne courent qu'à compter du jour où il a été mis en demeure.

Obligations du maître.

Nemo eum alterius detrimento locupletari debet. Il n'est pas juste que le maître s'enrichisse aux dépens du gérant : aussi voyons-nous les dispositions de l'art. 1375 pourvoir aux intérêts de ce dernier.

Le maître sera donc tenu de remplir les obligations contractées en son nom par le gérant. Nous entendons les engagements pris au nom du maître. C'est donc le maître et non le gérant qui est obligé.

Le gérant ne doit pas être exposé ni à l'ingratitude ni à l'injustice du maître ; aussi devra-t-on lui rembourser les avances et les dépenses nécessaires et utiles à l'affaire dont il s'est occupé, ainsi que les intérêts à compter du jour où les dépenses ont été faites.

Enfin, de l'indemniser des engagements qu'il aurait pu contracter en son propre nom. Mais il ne s'agit évidemment ici que des engagements relatifs à l'affaire dont il était gérant. On aura à cet égard à distinguer entre les propres affaires du gérant et celles de celui pour lequel il a contracté.

Du paiement de l'indû.

Deux articles du Code traitent de la réception des choses indues, ils prévoient deux cas distincts :

L'un, si celui qui a reçu le paiement n'était pas créancier ;

L'autre, au contraire, dans le cas où celui qui a reçu était vraiment créancier, seulement celui qui a payé n'était pas débiteur.

Dans le premier cas, nous n'avons pas à distinguer l'*erreur*. Que celui qui a reçu la somme dont il n'était pas créancier fût de bonne ou mauvaise foi (et surtout dans ce dernier cas), il a profité d'un bénéfice auquel il n'avait pas droit, s'est enrichi aux dépens d'autrui, le droit de répéter contre lui la chose payée indûment sera toujours incontestable.

Dans le second cas, au contraire, quand celui qui a reçu était créancier, celui qui a payé sans devoir n'est admis à répéter qu'autant qu'il l'a fait *par erreur*. Parce qu'en effet, il est tout naturel de regarder celui qui m'a payé une somme sachant bien qu'il ne me la devait pas, comme ayant payé pour le compte de cette personne dont il a ainsi géré l'affaire. Le paiement sera donc valablement reçu et celui qui l'a fait sans erreur ne pourra rien me réclamer.

Il aura pourtant son recours contre celui pour lequel il aura payé par l'action *negotiorum gestorum*.

Action dont nous nous sommes du reste occupé dans de précédents paragraphes.

Trois articles du Code Napoléon developpent l'étendue des obligations de restituer.

Ces obligations doivent être considérées selon qu'il s'agit de choses indéterminées ou de choses déterminées ; selon la bonne ou la mauvaise foi du possesseur.

Dans le cas où il s'agit de choses *quæ numero, pondere, mensuave constant*, celui qui les a indûment reçues, qu'il soit de bonne ou de mauvaise foi, est tenu de rendre des choses en pareille qualité et quantité. S'il a été de bonne foi, le Code lui accorde le droit de faire les fruits siens. S'il a été de mauvaise foi, il doit payer en outre les intérêts.

S'il s'agit d'un immeuble ou d'un meuble déterminé, il doit être rendu en nature si on le possède encore ; et quant aux fruits, on distingue toujours :

Est-il de bonne foi ? il ne répond ni des détériorations, ni de la perte. *Quia re sud abuti putavit, nulli querelæ subjectus est.*

Etait-il, au contraire, de mauvaise foi ? Il doit compte au propriétaire des détériorations et de la perte, alors même qu'elles ne résulteraient que de cas fortuits.

L'article 1381, dernier article, qui s'occupe de cette matière, est relatif aux objets déterminés.

Les dépenses conservatoires doivent être restituées intégralement et toujours sans distinction de bonne ou mauvaise foi. Pour ce qui est des dépenses simplement utiles, on devra appliquer la règle générale consignée dans l'article 555.

Quant aux dépenses voluptuaires, elles ne sont pas remboursables par le propriétaire. Le possesseur pourrait seulement emporter ce dont l'enlèvement ne causerait nul préjudice, à la charge par lui de rétablir les lieux dans leur état primitif.

Au sujet des dépenses voluptuaires, distinguons le cas où elles auraient été faites par un tiers, acquéreur de bonne foi. Dans ce cas, elles devraient être intégralement remboursées.

Des délits et quasi-délits.

Des délits et des quasi-délits, naissent une quatrième et une cinquième cause d'engagements prévus par la loi.

Le délit est l'acte volontaire et illicite, par lequel une personne cause avec intention un dommage à autrui.

Nous trouvons dans l'article 1382 les éléments constitutifs du délit. Deux éléments caractérisent le délit : le fait et l'intention de nuire.

Le quasi-délit est l'acte volontaire et illicite, par lequel, une personne cause du préjudice à autrui, et le fait sans intention nuisible.

Ainsi dans le quasi-délit, nous n'avons plus qu'un caractère : le fait. L'intention malveillante n'existe plus.

Tout fait quelconque, de l'homme, qui cause à autrui un dommage, entraîne avec soi l'obligation de le réparer.

Cependant, tout fait qui porte préjudice à autrui n'est pas une faute. Pourtant, l'imprudence ou la négligence qui cause un préjudice engage l'auteur à le réparer.

En principe, personne ne répond que de son fait : pourtant, l'art. 1384 déroge à ce principe, en nous obligeant pour le fait d'un tiers, alors que ce tiers est placé sous notre responsabilité. Cette exception est analogue à celle de la gestion d'affaires et du mandat. Aussi le père, et après son décès la mère, sont responsables du dommage causé par leurs enfants mineurs, habitant avec eux. La présomption de manque de surveillance existe à leur égard.

Les maîtres et les commettants sont responsables du dommage causé par leurs domestiques et leurs commis exerçant les fonctions auxquelles ils ont été préposés.

Les instituteurs et les artisans sont responsables du dommage causé par leurs élèves et leurs apprentis pendant le temps qu'ils les ont sous leur surveillance.

Remarquous qu'il ne s'agit ici que de la responsabilité civile ; car nul ne peut être obligé criminellement pour le délit d'un autre.

On peut non-seulement être engagé par un tiers , comme nous venons de le voir dans les exemples précédents , mais encore par les choses livrées à notre garde.

Le propriétaire d'un animal ou celui qui s'en sert est responsable pendant qu'il est à son usage du dégât causé , soit pendant qu'il était sous sa garde , soit qu'il se fût égaré ou échappé.

Nous trouvons enfin comme dernier engagement de cette nature , la responsabilité du propriétaire d'un bâtiment , lorsque sa ruine a causé un dommage résultant du défaut d'entretien ou du vice de sa construction.

On doit imputer au propriétaire son manque de soins.

Cet exemple est le dernier que cite le Code sur cette matière. Il fait l'objet de l'article 1386 , le dernier de ceux que nous nous étions proposé d'examiner.

QUESTIONS.

I, Si le maître pour lequel on gère connaît la gestion et ne s'y oppose pas, y a-t-il mandat tacite ou gestion ?

II. Pourquoi le propriétaire d'un immeuble incendié est-il obligé envers ses voisins ?

III. L'immeuble reçu indûment est aliéné. Peut-il être revendiqué (s'il est acquis de bonne foi), en nature ou en équivalent ?

Procédure Civile.

Des exceptions.

Des exceptions dilatoires.

On reconnaissait autrefois trois classes d'exceptions : les déclinatoires, les dilatoires et les péremptoires. Cette division n'a pas été adoptée par le Code, aussi ne la suivrons-nous pas et nous en tiendrons-nous au texte.

L'exception est un moyen préjudiciel que le défendeur peut invoquer pour se dispenser de répondre immédiatement à la poursuite dont il est l'objet.

Le Code Napoléon en reconnaît cinq désignées sous les noms suivants :

La caution à fournir par les étrangers.

Les renvois.

Les nullités.

Les exceptions dilatoires.

La communication des pièces.

Les exceptions dilatoires sont les seules dont nous nous occupe-rons spécialement dans notre travail.

Toutes les exceptions tendant à obtenir un délai, il semblerait que le nom de dilatoire serait imputable à toutes. Cependant, celles que la loi qualifie exclusivement de ce titre le méritent ; car, par ces excep-tions, le défendeur conclut formellement à ce que l'examen de la de-mande soit ajourné, soit retardé pendant un intervalle plus ou moins long.

Ainsi, l'exception dilatoire est celle qui ne tend pas à détruire la demande, mais seulement à éloigner et retarder le jugement.

La loi ne nous présente que deux exceptions dilatoires : l'exception pour faire inventaire et délibérer, l'exception de garantie. Nous al-lons successivement parler de l'une et de l'autre

Du délai pour faire inventaire et délibérer.

La loi, pour ne pas obliger à soutenir les embarras d'un procès, celui qui n'est point encore définitivement héritier et qui peut-être sera considéré comme ne l'ayant jamais été, s'il renonce à l'hérédité, et supposant d'ailleurs que se trouvant encore dans les délais pour faire inventaire et délibérer, il ne connaît pas bien les titres, moyens ou éléments de défense à opposer à la demande portée contre lui, permet, jusqu'à l'expiration de trois mois et quarante jours, de re-pousser toute demande par ce moyen qu'elle a nommé exception dila-toire.

Pendant ce délai, l'héritier et la femme mariée peuvent, aux termes de l'article 174, jouir du bénéfice de l'exception.

Dans le cas d'acceptation d'hérédité ou de communauté, l'héritier ou la femme sont tenus de répondre immédiatement à la demande.

S'il est prouvé que le délai n'a pas été suffisant, il pourra être prolongé en justice.

Ces délais expirés, l'héritier n'aura plus nul droit à faire valoir cette exception. Il faut même décider que l'exception dilatoire ne peut plus être invoquée, même dans le délai des trois mois et quarante jours, par le successeur qui a pris, avant l'expiration de ces délais, soit la qualité d'héritier pur et simple, soit la qualité d'héritier bénéficiaire.

Nous en dirons de même, pour la femme mariée, au sujet de la communauté.

De la garantie.

L'exception de garantie est fondée sur les avantages que trouvent les parties à ce que plusieurs différends liés les uns aux autres soient vidés en même temps.

La garantie est l'obligation, soit légale soit conventionnelle, d'indemniser quelqu'un de certains préjudices ou de le protéger contre certaines attaques.

On appelle exception de garantie celle que le défendeur originaire oppose au demandeur originaire. Je m'explique : *Primus* m'a vendu un immeuble ; quelques temps après *Secundus* le revendique comme vrai propriétaire ; je vais agir contre *Primus* pour qu'il me défende des prétentions de *Secundus*. Il est même possible que *Primus* par par moi appelé en garantie en sa qualité de vendeur, ait acheté ce même immeuble à *Tertius*, qui, par la même raison lui doit garantie. Cette dernière espèce est nommée sous garantie.

Il existe deux espèces de garanties : la garantie formelle et la garantie simple.

La garantie formelle est celle à laquelle donne lieu, de la part du défendeur originaire, l'exercice d'une action réelle ou hypothécaire exercée contre lui. Nous en trouvons un exemple dans l'espèce que nous venons de tracer.

La garantie simple , au contraire, est la garantie exercée par un défendeur qui se trouve inquiété , non plus par une action réelle , mais une action personnelle.

Lorsque , par exemple , la caution poursuivie par le créancier demande à mettre en cause le débiteur principal qui est son garant. La caution peut appeler en garantie le débiteur principal, mais ce dernier n'a point le droit d'appeler la caution. Le garanti conserve toujours une action contre son garant.

Dans la garantie simple le défendeur originaire est personnellement obligé ; aussi la loi voulant que chacun fût responsable de ses actions personnelles, le garant ne peut prendre le fait et cause du garant :

Au contraire dans la garantie formelle il ne s'agit plus d'obligation personnelle , et cela lui est permis parce que simple détenteur , il n'est pas personne obligée.

Le garanti pourra néanmoins assister à la cause pour la garantie de ses droits ; et s'il arrivait que le garant, agissant frauduleusement et peut-être de concert avec le demandeur, renonçât à l'appel , cette voie de recours ne devrait point être enlevée au garanti.

Si le garanti est resté en cause , il est tenu des dépens en cas d'insolvabilité de la part du gérant ; il est tenu dans tous les cas des frais des actes nécessités par la présence de sa personne en instance.

Lorsque les demandes originaires en garantie sont en état , simultanément il peut être prononcé par un seul jugement. Si au contraire , les juges se trouvent suffisamment éclairés sur l'une et pas sur l'autre, le Tribunal fera d'abord droit à la demande originaire , sauf à prononcer plus tard sur la demande en garantie.

Les exceptions dilatoires doivent être proposées avant toutes les défenses au fond ; autrement , on est censé y avoir renoncé et déchu du droit de délai , puisqu'on n'a pas invoqué cet avantage que l'on eût pu obtenir.

L'héritier qui est dans le délai des trois mois et quarante jours pour faire inventaire et délibérer, ainsi que la femme, peuvent invoquer l'exception du délai pour accepter ou renoncer, avant d'invoquer celle en garantie.

QUESTIONS.

I. Si un héritier, après les trois mois pour faire inventaire et les quarante jours pour délibérer, obtient du tribunal une prolongation de délai, pourra-t-il, pendant ce nouveau délai, jouir du bénéfice de l'exception dilatoire ?

II. Celui qui a plusieurs exceptions dilatoires à opposer, devra-t-il les présenter dans un ou plusieurs actes ?

III. Un ajournement auquel est opposée une exception dilatoire, est-il interruptif de prescription ?

Droit Criminel.

Caractères distinctifs du vol, de l'escroquerie et de l'abus de confiance.

Liv. III, Tit. II, Chap. II.

Les dispositions que renferme cette partie du Code doivent être considérées comme la sanction de la loi civile. Le Code Napoléon règle les diverses manières d'acquérir la propriété ; le Code Pénal détermine les différents cas où l'atteinte portée à cette propriété constitue le crime ou le délit. La propriété d'autrui peut être attaquée de diverses manières : soit par violence, soit par fraude. De là, des délits de diverses natures. Nous allons d'abord chercher à établir la nature de ces diverses sortes de délits, et de leur nature même ressortiront les caractères distinctifs de chacun d'eux.

On peut commettre des crimes et des délits de deux natures différentes : les uns contre les personnes, les autres contre la propriété.

La seconde classe seule est celle qui doit faire l'objet de notre travail, et nous ne porterons notre examen que sur les diverses atteintes portées au droit de propriété.

Nous suivrons, quant aux différents délits que leur violation entraine, l'ordre qu'indique le titre lui-même de ce paragraphe. Nous aurons donc à envisager successivement le vol, l'escroquerie et l'abus de confiance. Telle sera, du reste, la division de notre travail.

Du vol.

Nous traitons sous ce titre la première infraction au droit de propriété.

Le Droit Romain nous donne du vol cette définition : *fur est qui dolo malo rem alienam contrectat* (1). Ces termes nous paraissent établir les règles qui constituent ce délit. Nous y trouvons, en effet, l'intention coupable ; elle nous apparaît par le qualificatif *malo*, le caractère de la soustraction établi par la *contrectatio*, et enfin l'objet principal du délit, l'enlèvement de la chose d'autrui, *rem alienam*.

L'élément essentiel est la soustraction *contrectatio*.

L'intention seule ne suffit point pour constituer le vol, l'exécution ou du moins la tentative doit l'accompagner. *Sola cogitatio furti faciendi, non facit furem* (2).

Le vol ne peut, en effet, être constitué que par l'occupation même de l'objet convoité, *contrectatione*.

En Droit Romain, et les textes des Instituts confirment cette opinion.

L'utilisation de la chose, si j'ose m'exprimer ainsi, alors même que l'objet ne sera ni enlevé ni déplacé, constituera la consommation du délit : *ad furti crimen contrahendum non esse necesse ut res auferatur ; sufficit eam dolo malo contrectari* (3).

Le Droit Français s'écarte de ce système : les mêmes causes ne pro-

(1) Pauli sententiæ, tit. XXXI. — De furtis.
(2) Dig. De furtis, lib. I. S. 1.
(3) Matheus, ad dig. de furtis.

duisent pas les mêmes effets et les caractères que nous venons de citer ne sont point suffisants pour établir la nature du délit que le Code Pénal qualifie de vol.

Il est, en effet, nécessaire dans notre Droit actuel que la chose ait été enlevée. C'est là que le Droit Français trouve le caractère essentiel du vol. L'enlèvement est l'acte constitutif du délit. Ce caractère n'est pourtant pas le seul que nous aurons à considérer à cet égard.

Mais de ce premier principe ressort une conséquence saillante :

Les choses mobilières peuvent seules constituer l'objet du vol. Les immeubles sujets d'une occupation frauduleuse ou violente, sont usurpés et non volés. C'est là un délit d'une nature différente. *Furtum non constituitur in rebus immobilibus..*

La fraude constitue le deuxième élément du vol. Nous qualifierons de fraude l'intention de nuire à autrui, de dépouiller un tiers de sa propriété. Il faut, pour que la fraude existe, que l'agent qui a commis la soustraction ait eu l'intention, *consilium fraudis*. L'intention de nuire, l'envie de retirer un profit de l'objet soustrait, l'enlèvement dans le but de dépouiller le propriétaire, constitueront un délit; mais ces caractères seront nécessaires, car, *furtum sine affectu furandi non committitur*

L'art. 379 du Code pénal s'exprime ainsi : « Quiconque a soustrait » frauduleusement une chose *qui ne lui appartient pas*, est coupable de » vol. » Les mots que nous remarquons à la fin de cet article nous serviront à présenter le dernier caractère du délit qui nous occupe. N'est point coupable de délit celui qui soustrait sa propre chose. *Rei nostræ furtum facere non possumus.*

La règle qui régit cette matière est celle-ci : le vol est un attentat à la propriété d'autrui ; il n'y a pas vol si la chose soustraite n'est point la propriété d'un tiers.

Le vol, soustraction frauduleuse, attentat à la propriété, doit être puni. Selon qu'il est précédé, accompagné ou suivi de circonstances plus ou moins graves, il sera puni de peines plus ou moins graves. Ces circonstances devront avoir certains degrés d'influence sur le degré de la peine.

Aussi n'admettra-t-on que l'action privée, l'action en dommages-intérêts, à l'égard de toute espèce de fraude des maris au préjudice de leurs femmes et non point l'action publique. Nous en dirons de même et pour les femmes à l'égard de leurs maris et pour les parents et alliés en ligne directe, ascendants et descendants les uns envers les autres. Le ministère public eût jeté la division dans les familles en scrutant leurs secrets.

Nous le voyons donc, la qualité des personnes influe sur le degré de la peine ; il en est de même pour l'objet de l'infraction, pour le fait constitutif du délit.

Selon que le vol porte tel ou tel caractère, il est puni d'une peine différente.

La qualité de l'agent est une circonstance aggravante ; l'époque et le moment où il est commis, et enfin le mode employé pour le commettre peuvent modifier la nature de ce délit et les degrés de peine dont il pourra être puni.

Par exception et contradictoirement à ce que nous avions dit précédemment, que l'exécution et l'accomplissement étaient nécessaires pour constituer le vol, nous croyons que ceux qui, armés, auront fait, la nuit, ou essayé de faire usage de leurs armes, seront punissables.

L'escroquerie.

Des attentats à la propriété d'une nouvelle nature se présentent à nous sous ce titre : ce sont ceux qui ont lieu par suite d'entreprises réelles ou simulées, ou par suite d'opérations de commerce ; d'une part les banqueroutes, de l'autre les escroqueries. Ce sont ces dernières seules que nous avons à envisager.

Nous croyons que le nom d'escroquerie doit s'appliquer à toute manœuvre ayant pour but de s'approprier la chose d'autrui, en inspirant confiance au propriétaire.

4

Les moyens frauduleux peuvent être de deux natures : soit l'emploi de faux noms, soit l'emploi de manœuvres mensongères destinées à tromper la religion de celui qui est en butte à l'escroquerie. Établissons une différence entre l'emploi des faux noms et la confection même de ces faux noms ; car ce dernier cas constituerait un délit d'une nature différente, le faux, que nous n'avons point à envisager dans le travail qui nous occupe.

L'usage du faux nom constitue l'escroquerie. Il en est de même pour l'usurpation d'une fausse qualité ; et celui qui usurpe un titre pour jouir d'un crédit ainsi usurpé, est coupable de manœuvre frauduleuse.

Les manœuvres ne constituent l'escroquerie que tout autant qu'elles sont de nature à tromper la prévoyance de celui auquel elles s'adressent. La supposition d'entreprises illusoires ayant pour but de faire naître l'espoir d'un succès, la réalisation d'un bénéfice, sera considérée comme manœuvre frauduleuse.

Abus de confiance.

Est qualifié abus de confiance tout acte nuisible à un mineur, un faible, un imprudent ou un incapable.

Le Code Pénal prévoit quatre espèces diverses d'abus de confiance :

L'abus des besoins d'un mineur ;

L'abus du blanc-seing ;

Le détournement d'objets confiés ;

La soustraction des pièces produites en justice.

Les dispositions du Code sur la première espèce atteignent ceux qui auront abusé des besoins, des faiblesses ou des passions d'un mineur pour lui faire souscrire des actes préjudiciables à ses intérêts.

Il doit être établi : d'abord la minorité ; puis les juges auront à apprécier s'il a été calculé sur les besoins, les faiblesses ou les passions du mineur, et enfin si les pièces et obligations souscrites sont en sa faveur, le délit n'existe point.

Le blanc-seing suppose qu'une obligation convenue d'avance ou dépendante de certains cas déterminés sera consignée sur un papier blanc déjà revêtu de la signature de celui qui veut s'engager.

L'inscription frauduleuse d'un acte autre que celui qui était convenu constitue l'abus du blanc-seing.

L'article 408 punit le détournement d'objets confiés à titre de dépôt, louage ou mandat. Pour que le délit existe il faut : que le preneur ait dissipé les objets confiés, que le détournement ait été commis au préjudice de propriétaires possesseurs ou détenteurs, que les objets confiés fussent ; des effets, billets, marchandises, argent ou quittances, ou écrits de diverses natures représentant une valeur ; enfin que ces objets aient été remis à titre de dépôt, de mandat ou de louage.

Le délit est consommé du moment où il y a préjudice pour le propriétaire, du moment où le détournement a été commis.

Le gérant d'une société qui détourne frauduleusement à son profit les sommes appartenant à la société, est punissable et sous le coup de l'article 408.

Une dernière espèce d'abus de confiance fait l'objet de l'article 409.

Les pièces produites en justice, appartenant au procès lui-même, celui qui en soustrait une ou la fait disparaître abuse de la confiance des parties en enlevant un acte qui est annexé à la procédure et qui est commune soit à l'un, soit à l'autre

La peine qui frappe cet acte de mauvaise foi est prononcée par les juges saisis de la contestation. C'est avec raison que le législateur a pensé que ce tribunal était le plus propre à apprécier le degré de culpabilité imputable à un tel acte.

QUESTIONS.

I. Mon débiteur m'enlève un acte sous seing privé établissant la légitimité de ma créance : cette soustraction a-t-elle été exercée sur un droit ou sur une chose mobilière ?

II. Un objet a été volontairement prêté, il n'est point rendu. Le propriétaire aura-t-il l'action *furti* contre le locateur ?

III. Celui qui trouve soit de l'argent soit un objet déterminé et qui, sachant qui le demande, le cèle et le retient, commet-il un vol par cette dissimulation ?

IV. La maxime : *Quod non est licitum in lege, necessitas facit licitum*, empêche-t-elle l'existence du délit ?

L'ouvrier qui s'attribue une somme d'argent trouvée en démolissant un mur, est-il coupable de vol ?

V. S'appuyant sur l'art. 756 du Code Nap., pourra-t-on refuser l'action publique contre les enfants naturels à l'égard de leurs ascendants ?

VI. La garantie de l'exemption du service militaire contre paiement sera-t-elle considérée comme escroquerie si l'exemption a lieu par les soins de celui qui l'a garantie ?

———————

Cette Thèse sera soutenue, en séance publique, dans une des salles de la Faculté, le 20 avril 1861.

Vu par le Président de la Thèse,

DUFOUR.

Toulouse, Imprimerie Troyes Ouvriers Réunis, rue Saint-Pantaléon, 5.

www.ingramcontent.com/pod-product-compliance
Lightning Source LLC
Chambersburg PA
CBHW070750210326
41520CB00016B/4653